# DU CRÉDIT PUBLIC,

*En tant qu'il est lié au payement des Créanciers*
*des Émigrés et de la dette exigible en général.*

» LE crédit public », a dit un Ecrivain, dans un
ouvrage qui annonce les connoissances les plus pré-
cieuses en administration,» est la cause du travail, la
» source des richesses, le garant du bonheur des peu-
» ples et de la puissance des états. Sans crédit public,
» point de crédit particulier; sans crédit public, point
» d'importations de matières premières pour activer
» les manufactures; point d'acceptations dans l'etran-
» ger; point de capitaux; point d'agriculture, quelque
» fécondes que soient les terres; point de travaux pour
» occuper la portion la plus nombreuse et la plus inté-
» ressante des membres de la société; enfin point de
» commerce; point d'industrie. De-là l'usure, com-
» pagne inséparable du discrédit; de-là la perte des
» mœurs; de-là la nullité des impôts, etc. etc. (1) «

Ces vérités reconnues par les hommes éclairés de
tous les pays et de tous les tems, ne peuvent plus
être douteuses pour personne, aujourd'hui que la
France est malheureusement livrée à toutes les ca-
lamités dont on vient de parler, et qui ne proviennent
que de l'absence du crédit public. C'est donc vers le
crédit public, d'où émane le crédit particulier, que
doivent tourner les méditations de ceux à qui la
Nation Française a confié le soin de ses destinées.

_______

(1) Traité du crédit public et particulier, par le cit. *Saba-*
*tier*, aujourd'hui administrateur du département de la Seine.

A

Les causes principales de l'extinction du crédit public , d'où dérivent tous nos malheurs , sont moins la dissipation de la fortune publique , que le manque de foi du gouvernement envers ses créanciers.

La dissipation de la fortune publique , est **sans** remède pour le passé ; tout ce qu'on peut faire est de bien exécuter les mesures que le Corps législatif a prises et prend journellement pour que les dilapidations qui ont été dénoncées n'ayent plus lieu à l'avenir.

Quant au manque de foi du gouvernement envers ses créanciers, on ne peut en arrêter ou prévenir les funestes effets qu'en ramenant la confiance. Pour cela , il ne suffit pas que le Corps législatif déclare solemnellement que le gouvernement respectera *désormais* ses engagemens ; il faut qu'il prouve en même tems , par une application de cette loi *aux engagemens existans et contractés ,* que cette promesse , semblable à celles qu'on a faites jusqu'ici , ne sera pas illusoire.

Il se présente dans ce moment pour remplir ce but salutaire une occasion d'autant plus favorable, qu'en la saisissant, le Corps législatif fera le bonheur d'une multitude de créanciers de l'état, tous légitimes et irréprochables , sans qu'il en coûte beaucoup au trésor public. Il s'agit simplement d'assimiler aux rentiers les créanciers de la dette exigible , qu'on paye en tiers provisoire , papier qui aujourd'hui vaut à peine deux pour 100 , et qui bientôt ne vaudra plus rien du tout , puisqu'il n'a plus aucun écoulement et qu'il ne porte pas un centime de rente. ( 1 )

Le refus d'inscrire ce tiers provisoire , aujour-

---

( 1 ) La masse des citoyens, et on ne craint même pas de dire l'universalité des Législateurs , y compris le petit nombre de ceux qui ont concouru à la confection de la *fameuse* loi du 24

( 3 )

d'hui sur-tout qu'il n'a plus d'écoulement dans la vente des biens nationaux , est non-seulement une violation scandaleuse de la foi publique , vû que cette inscription a été formellement promise par l'art. xxx de la loi du 24 frimaire an 6 ; mais un seul exemple bien simple suffit pour démontrer que c'est une véritable absurdité.

En effet, supposons que B... créancier d'un émigré, lui ait vendu sa maison, à condition que le prix seroit constitué en une rente annuelle ; sa créance est inscrite au grand livre ; et comme il en touche régulierement les arrérages , on peut dire qu'il est payé à-peu-près *au pair.*

Supposons, d'un autre côté, que C... autre créancier d'un émigré, lui ait également vendu sa maison , mais payable comptant, ou à une époque déterminée par le contrat de vente : Oh! celui-ci n'est pas inscrit ; il devient créancier de la dette exigible, et on le paye un tiers en une inscription provisoire , dont il ne touche ni régulierement ni irrégulierement aucuns arrérages; qui aujourd'hui vaut à peine deux pour cent, ou n'a pas même de cours; et les deux autres tiers en bons dits des deux tiers, qui valent environ 75 centimes les 100 francs : ( ce qui est précisément le taux auquel sont tombés , *à l'époque de leur plus grande dépréciation,* ) les assignats; ensorte qu'une créance de mille écus, payée dans l'o-

---

frimaire an 6, *dans la persuasion que le tiers réservé aux créanciers seroit au moins exactement payé,* ne peut concevoir l'existence d'un papier qui, n'étant admissible dans aucun payement et ne produisant pas un centime d'intérêt, sert *néanmoins* au remboursement de celles des dettes de la République que l'on peut regarder comme les plus sacrées, telles que les fonds placés à terme sur des émigrés, avec hypothèque spéciale sur leurs biens; ceux déposés chez les notaires avant la loi du 23 septembre 1793, qui en a ordonné le versement au trésor public ; la restitution des biens des condamnés , etc. etc. etc.

rigine en espèces ou valeurs équivalentes, se trouve définitivement soldée avec 35 francs : encore faut-il que le créancier coure vite à la place vendre ses bons ; autrement il court le risque de n'avoir rien du tout.

Quelle est donc cette bizarrerie inconcevable qui s'est glissée dans nos loix financières, et qui fait que sur deux créanciers également légitimes et absolument de même origine, l'un est payé presque au pair, et l'autre avec des feuilles de chêne ? Pourquoi même, en thèse générale, les créanciers des émigrés, devenus malgré eux créanciers de l'Etat qui les a dépouillés de leur gage, ne jouiroient-ils pas au moins des mêmes avantages dont jouissent les autres créanciers de l'Etat, ou les rentiers ? Nous ne ferons pas au Corps législatif l'injustice de croire qu'il partage l'absurde préjugé de ceux qui, par une confusion de noms, confondent les créanciers des émigrés avec les émigrés mêmes, ou font au moins rejaillir l'odieux attaché à cette caste, sur des citoyens qui n'ont rien de commun avec elle ; sur des citoyens parmi lesquels il n'y en a presque pas d'aisés et de jeunes, mais qui pour la plupart sont des pères de famille qu'une loi injuste, ou plutôt le manque d'une loi promise, réduit à la plus affreuse misère, aux approches de la vieillesse, malgré une subsistance assurée que leur promettoit l'hypothèque sur laquelle ils avoient prêté le produit de leurs pénibles épargnes.

Cependant, à l'époque où la Convention Nationale se vit forcée, par les circonstances, d'ordonner que les biens des émigrés seroient vendus, comme les domaines nationaux, *francs et quittes de toutes dettes et charges*, elle n'entendit faire aucun tort à leurs créanciers. Elle les reconnut créanciers directs de la nation et ordonna que leurs créances seroient remboursées en bons au porteur, admissibles en payement des biens nationaux vendus ; disposition qui donnoit indirectement aux créanciers la faculté de se payer sur leur gage, en concourant aux enchères. Lorsque par la suite on s'apperçut que ces bons au porteur, émis en trop grande quantité, absorboient le produit des ventes, déprécioient les assignats et entravoient le service, la Convention Nationale décréta que les créances, au lieu d'être remboursées en bons, seroient inscrites au grand livre. ( * ) Jamais elle ne se seroit avisée, même du tems qu'elle adoptoit les mesures les plus révolutionnaires, de les rembourser en papier, n'ayant aucun écoulement et ne portant pas de rente, sur-tout après avoir fait suporter aux malheureux créanciers de la République la perte des deux tiers de leurs capitaux.

En l'an 3, la Convention Nationale s'occupa encore du sort des créanciers des émigrés. Un rapport fait en nivose de cette année, au nom des comités de salut public, de sûreté générale, de législation, de commerce et des finances réunis, prouve qu'alors elle regardoit le payement *rigoureux* de leurs créances, comme *un moyen de restauration des finances et de crédit public.*

» S'il est pressant, dit alors le cit. Johannot dans » ce rapport, de renouer tous les liens de la concorde » et de la confiance entre les neutres et nous, il ne » l'est pas moins d'attacher tous les intérêts indivi-

---

* L'art. 95 de la loi du 24 août 1793, est conçu en ces termes :

» Les créanciers des émigrés seront admis à faire inscrire » leurs créances sur le grand livre ; à cet effet, ils remettront » leurs certificats de collocation utile au liquidateur de la tré- » sorerie nationale ; *ils seront crédités des interéts, à cinq* » *pour cent du montant dudit certificat* et il leur sera délivré » un extrait d'inscription dans la forme prescrite. Le capital » porté par le certificat de collocation utile, sera en conséquence » acquis à la nation.

» duels, à celui de la République et de multiplier
» les conquêtes de la révolution au dedans, en lui
» faisant des amis.

» Loin de nous, ajoute-t-il, ces lois contradic-
» toires et imprudentes, qui imprimeroient un mou-
» vement rétrograde aux esprits ; le patriotisme
» et la prudence les repoussent également. Mais il
» est des mesures générales qui, en fermant tout
» retour à de coupables et chimériques espérances,
» donneroient un grand exemple de justice et pro-
» pageroient, dans toutes les classes, l'amour de la
» République. Telle seroit celle de liquider promp-
» tement *et en masse*, tous les créanciers des émi-
» grés, et de décréter, comme on l'a fait pour ceux
» du clergé, qu'ils sont créanciers directs de l'état,
» etc. Les avantages d'une pareille opération, balan-
» ceroient bien aux yeux du Législateur, l'incon-
» vénient de quelques pertes partielles. .Au surplus
» il existeroit un moyen de mettre à couvert, les
» intérêts de la République. On ne payeroit point
» les créanciers qui auroient imprudemment confié
» leurs fonds à des personnes insolvables. Une
» enquête sommaire, sur commune renommée,
» établiroit préalablement à la liquidation, la sol-
» vabilité des débiteurs au moment où leurs biens
» ont été réunis aux domaines nationaux.

» Cette liquidation seroit à-la-fois morale et poli-
» tique. L'intérêt et la reconnoissance de *huit cent*
» *mille* créanciers liquidés, avec tant de promptitude
» et de *loyauté*, donneroient une nouvelle force à la
» haine qui doit poursuivre les émigrés, et con-
» firmeroient, sans retour, le bannissement per-
» pétuel qu'ils ont mérité.

C'est à la suite de ce rapport, qu'est intervenue
la loi du premier floréal an 3, qui assimile entière-
ment les créanciers des émigrés, aux créanciers de
la République.

Depuis et sous le régime constitutionnel , les principes , reconnus et proclamés au nom des cinq principaux comités de la Convention , ont été consacrés de nouveau par la loi du 16 thermidor *dernier*, rendue sur le rapport du Représentant Duplantier; loi qui , en les appliquant aux créanciers des successions échues à la République , depuis le 9 floréal an 3 , comme représentant les émigrés, porte que les créanciers, dont il s'agit, seront payés sur les ordonnances des administrations centrales, en valeurs réelles , sur le produit du mobilier , et qu'en cas d'insuffisance, si la République est seule héritière , il sera fait auxdits créanciers, sur le prix des biens immeubles de la succession , une délégation spéciale du montant de leurs créances , jusqu'à la concurrence des valeurs rentrées dans les mains de la République. Par la même loi, les copartageans sont autorisés à retenir une partie de la succession , équivalente au montant des dettes qui tombent à leur charge.

Il est essentiel de rapeller ici les expressions remarquables dont s'est servi le rapporteur, pour amener la résolution dont il s'agit.

» Il ne peut, disoit-il, y avoir dans le Conseil,
» qu'un même vœu, sur la nécessité de respecter
» les droits des citoyens et la foi due aux actes
» légaux, ainsi que sur la soumission la plus entière
» aux principes conservateurs de l'ordre social. Ces
» principes ont servi de guide constant à votre
» commission , et elle n'a vu de biens disponibles,
» que là où, après les dettes déduites, il se présen-
» toit un résultat à recueillir. En conséquence, nous
» vous proposons d'assurer, avant partage, le paye-
» ment des créanciers légitimes. »

Tout ce qu'on vient de lire , prouve qu'en l'an 7 comme en l'an 3 et en l'an 3 comme en l'an 2, il n'a jamais été dans l'intention du Législateur, de faire une distinction défavorable entre les créanciers des émigrés, ou en général de la dette exigible et ceux de la dette constituée ou les rentiers. Encore moins le Législateur a-t-il pu avoir la volonté de les payer en valeurs qui, l'une dans l'autre, perdent près de 99 pour 100; ce seroit lui faire outrage que de le penser, et si la loi du 24 frimaire an 6, produit malheureusement cet effet funeste, c'est que le Corps-Législatif n'a pu prévoir que par une suite de circonstances, *dont plusieurs ont été amenées à dessein par les ennemis de la chose publique*, ces valeurs descendroient successivement à un aussi vil prix, et que la loi promise pour l'inscription du tiers provisoire, seroit si long-tems attendue.

Mais quand même l'humanité et la justice ne reclameroient pas en faveur des malheureux créanciers dont il s'agit, le crédit public, sans lequel, nous le répetons, le gouvernement ne sauroit marcher, exige impérieusement qu'on prenne à leur égard un parti. Comment veut-on qu'il y ait une ombre de crédit, ou la moindre confiance, dans un gouvernement qui non-seulement laisse avilir ses créances au point que sur la place on se les jette à la tête pour deux pour cent, mais qui paye journellement avec une pareille monnoie tous les créanciers de la dette exigible au fur et mesure de la liquidation de leurs créances? Et cela ( on est forcé de le rappeller encore ) après leur avoir fait perdre les deux tiers de leurs capitaux ! Quel affreux exemple d'immoralité et d'injustice pour les gouvernés ! Non, ce scandale ne sauroit durer plus long-tems.

Mais, répond-on froidement, en vain le Corps législatif voudroit-il rendre aux créanciers de la dette exigible, et notamment à ceux des émigrés, la justice qui leur est due; la presque totalité des biens nationaux qui composoient leur gage, est acquittée et soldée ; la majeure partie de ceux qui peuvent encore donner lieu à quelque recouvrement, ou qui sont invendus, est absorbée par les délégations, ou affectée aux dépenses courantes du service ; et certes on ne peut ni prendre sur les impôts existans, ni créer des contributions nouvelles pour *rembourser* en valeurs réelles une dette aussi considérable.

J'en conviens ; aussi les créanciers de la dette exigible ont ils depuis long-tems renoncé à cet espoir chimérique. Mais si la justice rigoureuse est impossible, au moins ne doit-on pas leur refuser celle qui peut s'accorder sans aucun inconvenient ; je veux dire, d'inscrire sur-le-champ le tiers provisoire delivré ou à délivrer ; ce qui les assimileroit aux créanciers de la dette constituée, dont la position étoit dans le principe moins avantageuse, puisqu'ils avoient renoncé à la faculté de faire valoir leurs capitaux dans le commerce ; quadrupleroit sur-le-champ la valeur vénale de leurs créances ; leur procureroit au moins de quoi vivre sur le produit des arrérages, et feroit disparoître le scandale d'une violation continuelle et absolument gratuite de la foi publique.

La seule objection plausible contre cette disposition solemnellement promise par la loi du 24 frimaire, est qu'en augmentant les inscriptions au grand livre, on en diminue la valeur vénale.

D'abord, la quantité de tiers consolidés, qui résulteroit de cette inscription, seroit trop foible pour produire sur la masse totale de la dette publique, l'effet funeste qu'on redoute ; car quand il resteroit encore pour 600 millions de dettes exigibles à liquider, ce qui est au-delà de toute vraisemblance, le tiers à inscrire ne seroit que de 200 millions, ou 10 millions de rente. Quant au tiers provisoire déja liquidé et délivré, je ne crois pas qu'il en existe deux millions en capital sur toute la surface de la République ; tout a été absorbé par le payement de la première moitié des biens nationaux vendus en vertu des loix des 16 brumaire , 9 germinal an 5 , et 9 vendémiaire an 6; personne, à moins d'être un imbécille, ne s'avise de garder dans son porte-feuille un papier qui ne porte pas de rente, lorsqu'on trouve l'occasion de le placer utilement.

Mais quand même le tiers consolidé résultant de nouvelles inscriptions , seroit beaucoup plus considérable , il ne s'en suivroit encore aucunement que leur valeur vénale dût diminuer par-là. Cette valeur dépend infiniment moins de la quantité des inscriptions , que de l'exactitude avec laquelle on paye les arrérages, et sur-tout de l'opinion que la moralité du gouvernement inspire au public Il est inconcevable que cette vieille erreur sur la valeur réelle de la dette publique d'un pays en général, trouve encore tant de partisans chez nous , lorsque tout le monde a pour ainsi dire sous ses yeux deux faits aussi notoires que décisifs , qui prouvent sans réplique combien ce préjugé est faux.

Nos inscriptions ne valent aujourd'hui que sept à huit pour cent, c'est-à-dire, moins de deux années de revenu , tandis qu'avant la révolution les rentes étoient à peu de chose près au pair. Cependant , alors l'état payoit annuellement 211 millions d'arrérages ; aujourd'hui, il n'en paye pas, y compris les pensions, 90 millions sur lesquels plus de la moitié est en viager.

En Angleterre , le capital de la dette publique passe actuellement dix milliards, dont les arrérages absorbent annuellement sur les contributions, seuls revenus de l'état , l'énorme somme de quatre cents millions de notre monnoie, qu'il faut faire payer au milieu d'une guerre sans exemple, par un pays qui,sous le rapport du territoire et de la population, est inférieur des deux tiers au nôtre. Cependant les fonds consolidés, qui ne rapportent en Angleterre que trois pour cent, y valent 65 pour cent; tandis que notre tiers qui rapporte cinq pour cent, en vaut à peine 8 à la revente.

Que le Corps Législatif et le Gouvernement prennent toutes les mesures propres à assurer le paiement des arrérages ; qu'ils manifestent par tous les moyens possibles leur intention bien décidée à ce qu'il n'y soit jamais porté d'atteinte, et l'inscription du tiers provisoire, loin de diminuer la valeur vénale des inscriptions en general, ne fera que l'accroître. Il y a plus, ce seront autant de capitaux ou de richesses mobiliaires ajoutés à la fortune publique.

Enfin ce ne sont point, nous le répètons, les ressources qui manquent pour payer les arrérages dus aux créanciers de l'Etat; elles seront plus que suffisantes pour faire face à tous ses engagemens et aux dépenses du service, dès que le Gouvernement aura reconquis la confiance que commande le respect pour les principes ; dès que le Corps Législatif aura abjuré solemnellement les moyens destructeurs de tout crédit, tels que la création des arriérés et l'invention d'un tiers provisoire qui, provisoirement et définitivement, n'est bon à rien : car alors seulement le commerce et l'industrie reprendront leur cours ordinaire ; l'agriculture, ses travaux ; les impôts indirects, augmenteront en proportion;le recouvrement des contributions directes, éprouvera moins de difficultés et de non-valeurs, tandis que d'un autre côté la reparution des capitaux resserrés et la baisse de l'intérêt de l'argent, donneront au Gouvernement le moyen de faire des économies incalculables sur la dépense.

Il seroit également convenable pour l'intérêt même du trésor public, de changer le mode actuel de vente des biens nationaux, et d'admettre en paiement d'une portion du prix d'adjudication, le tiers consolidé inscrit ou provisoire, que nous supposerons au reste déja inscrit. C'est le seul moyen de se défaire des biens nationaux, et d'en tirer de l'argent, parce qu'on multiplie ainsi les acquéreurs.

Enfin, pourquoi ne feroit-on pas servir le tiers consolidé inscrit et provisoire, *au moins en partie,* au rachat des rentes foncières, dont étoient grèvés avant la révolution, un grand nombre d'héritages anciennement concédés par le domaine, par le clergé et par les émigrés.

Déja en l'an 5 la Commission des finances proposa au Corps législatif le rétablissement de ces rentes et leur rachat. Voici comment s'en expliqua le Rapporteur dans la séance du 24 fructidor : » Les » rentes foncières et non féodales, qui ont été *in-* » *justement supprimées* par la loi du 17 juillet 1793, » procureroient au gouvernement un revenu pré- » cieux. Vous vous empresserez sans doute de les » rétablir, en maintenant les loix qui suppriment » sans indemnité tous les droits émanant de la puis- » sance féodale.... Vous en autoriserez aussi le ra- » chat....

En effet, ces rentes représentatives de la valeur entière ou partielle du fonds aliéné n'ont aucun trait à la féodalité; elles entroient pour plus d'un million dans les produits de l'ancienne administration des domaines ; celles qui étoient dues dans les apanages des individus qu'on appelloit les Enfans de France et Princes du Sang, passoient le triple de cette somme. En y ajoutant celles qu'on pourra se procurer des domaines engagés, du moment qu'une bonne administration pour cette partie, s'occupera véritablement des moyens d'amélioration dont elle est susceptible, on augmentera les revenus du Gouvernement de plus de 20 millions. Pourquoi ne pas se servir de cette occasion unique de relever le crédit public, en admettant d'ici à une époque rapprochée, par exemple, jusqu'au premier germinal, les débiteurs de ces rentes, qui ne peuvent certainement pas prétendre que la nation leur en fasse un don gratuit, à se libérer avec du tiers consolidé inscrit ou provisoire, en les rachetant au denier vingt, et en payant les années échues, partie avec du numéraire et des cédules payables en numéraire, et le surplus en bons de deux tiers ?

Par cette opération, on se procureroit de l'argent; on éteindroit une portion considérable de la dette publique, et on soulageroit au moins de malheureux créanciers qui meurent de faim à côté de créances considérables, que le paiement en *tiers provisoire* réduit à rien.

*P. S.* Ce mémoire étoit déja sous presse lorsque nous avons eu connoissance d'un rapport fait le 6 de ce mois de vendémiaire, au conseil des Anciens par le Représentant du Peuple Lebrun, sur la résolution du 29 fructidor, relative aux dépenses du Ministère des Finances.

Il ne nous appartient pas de juger les observations de ce Législateur, en ce qui est relatif à ces mêmes dépenses : nous nous contenterons de transcrire ici ce que ce rapport contient, concernant le mode de paiement des créanciers des émigrés et de la dette exigible.

» Tout-à-coup, dit-il page 10, le cours des liqui-
» dations a été supendu par des causes qu'il ne faut
» que vous indiquer. D'abord, les certificats de li-
» quidation n'ont plus eu d'emploi. Point d'inscrip-
» tion au grand livre de la dette publique; point
» d'admission dans le paiement des domaines na-
» tionaux; des droits d'enregistrement pèsoient en-
» core sur ces *certificats avilis* et absorboient tout
» ce qu'ils auroient pu avoir de valeur sur la place;
» enfin, des revers momentanés ont réveillé des es-
» pérances de chances plus heureuses pour l'intérêt
» des créanciers, et tout-à-coup le mouvement a
» cessé.

» Le bureau de la liquidation de l'arriéré est
» tombé dans la même inaction que les liquida-
» teurs.

» Dans un tel état de choses, continue-t'il p. 13,
» 14 et 15, ce n'est pas seulement de réductions,
» mais de l'existence même de ces établissemens
» ( de la liquidation générale de la dette publique,
» de celle des émigrés et de la comptabilité intermé-
» diaire) que nous devons nous occuper.

» Je vous ai dit les causes de leur inactivité ; *va-*
» *leur nulle des certificats de liquidation*, espé-
» rances vagues des créanciers, nées de la prolon-
» gation de la guerre et de quelques revers inat-
» tendus.

» Je vous ai dit que le remède étoit dans des me-
» sures législatives et dans des succès. Des succès !
» le courage de nos guerriers et les soins du gou-
» vernement nous les promettent. Les mesures lé-

» gislatives dépendent des deux Conseils.

» Il faut que la législation donne une valeur aux
» certificats de liquidation et leur ouvre un écou-
» lement qui les fasse rechercher. L'intérêt public
» le veut, comme la justice le réclame.

» L'intérêt public ; car cet intérêt se compose des
» intérêts particuliers. Si de grandes valeurs s'a-
» néantissent dans les mains des citoyens , il y a
» toujours un grand vuide dans les transactions et
» dans la circulation , et par conséquent dans les
» revenus de la République.

» La justice le demande. Elle parle à vos cœurs ,
» et elle leur parle avec plus de force que je ne pour-
» rois en mettre dans mes expressions.

» Tant que les certificats de liquidation n'auront
» point de valeur, le créancier restera sans mou-
» vement comme il est sans intérêt, et il ne consen-
» tira pas à perdre encore avec son capital des dé-
» marches, des frais de commission, de correspon-
» dance et d'enregistrement.

» On dira : mais la loi a prononcé la déchéance
» contre le créancier qui ne se présentera pas dans
» les délais déterminés. Oui, mais sans doute le lé-
» gislateur n'a pas voulu tenir le créancier sus-
» pendu entre un remboursement illusoire et une
» déchéance forcée. Le Législateur a voulu, la na-
» tion veut que ses créanciers reçoivent des valeurs
» telles au moins que de malheureuses circonstan-
» ces l'ont forcée de leur assigner. Tant que cette
» justice ne leur sera pas rendue , ils ne croiront
» point à la possibilité d'une telle déchéance. Nous
» ne pouvons donc sortir de cette situation que par
» la justice. Et croyons, citoyens Représentans, qu'il
» n'y a point de véritable impuissance de la rendre.

» L'admission des certificats de liquidation
» au paiement d'une partie du prix des domaines

( 16 )

» nationaux redonneroit le mouvement aux alié-
» nations, et rendroit à la circulation des capitaux
» que la crainte et la defiance ont fait resserrer,
» mais qu'un emploi utile feroit ressortir enfin de
» leur retraite ; d'autres moyens d'écoulement se
» présenteront encore à la sagacité de nos col-
» lègues.

» Si la législation ne change pas, il faut fermer
» ces bureaux de liquidation, qui n'offrent plus
» qu'un spectacle d'illusion, et la source d'une dé-
» pense inutile.. Vous ne pouvez pas autoriser, dans
» les liquidations de la dette publique, des dépen-
» ses perdues pour la nation et pour ses créanciers.
» Attendons de la sagesse de nos collègues une ré-
» solution motivée dans sa sévérité, et des mesures
» dignes de la justice nationale.

On voit, par tout ce qu'on vient de lire, que ce
Représentant estimable, dont l'opinion fait autorité
en matière d'administration et de finances , non-
seulement partage les principes que nous avons pro-
fessés dans ce Mémoire, mais même qu'il est d'ac-
cord avec nous sur une partie des moyens que nous
avons indiqués pour relever le crédit public, en
rendant justice aux créanciers de la dette exigible
et des émigrés.

De l'imprimerie de Renaudiere, rue des Prouvaires,
n°. 564, à côté de celle du Contrat-Social.